2,95

FRANCKE

Roland Werner

# Christ werden ... Mensch sein

## Das Angebot Gottes

Verlag der Francke-Buchhandlung GmbH

Die Deutsche Bibliothek – CIP-Einheitsaufnahme

**Werner, Roland:**
Christ werden ... Mensch sein : das Angebot Gottes /
Roland Werner. – 3., veränd. Aufl. –
Marburg : Francke, 2002
ISBN 3-86122-544-1

3. veränderte Auflage 2002
Alle Rechte vorbehalten
© Studentenmission in Deutschland e.V., Marburg 1990
Vervielfältigung, auch auszugsweise, nur mit
Genehmigung der SMD
Umschlaggestaltung: Henri Oetjen, DesignStudio
Lemgo
Satz: Verlag der Francke-Buchhandlung GmbH
Druck: Schönbach-Druck GmbH, Erzhausen

# Inhaltsverzeichnis

Was ist ein Christ? Besser noch:
Wer ist ein Christ? .................................. 7
Wer ist (k)ein Christ? ............................ 9
Der Weg zu Jesus .................................. 16
Bilder des Christwerdens ...................... 31
Geschenke Gottes ................................. 54
Literatur zum Thema ............................ 61

**Der Autor:** Dr. phil. Roland Werner, Studium der Afrikanistik, Semitistik und evangelischen Theologie in Marburg; Promotion über eine afrikanische Sprache; Forschungsaufenthalte in afrikanischen Ländern; verschiedene Veröffentlichungen. Roland Werner ist Leiter des Christus-Treff Marburg und Vorsitzender von Christival – Kongress junger Christen.

# Was ist ein Christ? Besser noch: Wer ist ein Christ?

In einem Buch des Neuen Testaments, der „Apostelgeschichte"[1], wird die Herkunft dieser Bezeichnung erklärt. Viele der Anhänger von Jesus flohen nach einer Verfolgung in Jerusalem und Judäa in die Nachbarländer und ließen sich dort nieder. Einige gelangten auch in die Stadt Antiochia, eine der größten Metropolen des Römischen Reiches (im Gebiet des heutigen Syrien). Dort, so wird dann weiter berichtet, „kam zuerst die Bezeichnung *Christen* für die Anhänger Jesu auf"[2].

---

[1] Die Bibel wird in die zwei Hauptteile „Altes Testament" und „Neues Testament" eingeteilt. Jeder Hauptteil besteht aus einzelnen *Büchern*; diese sind in *Kapitel* und *Verse* unterteilt; vgl. das Inhaltsverzeichnis am Beginn jeder Bibelausgabe. Die folgenden Zitate sind, mit einer Ausnahme, dem Neuen Testament entnommen. Es empfiehlt sich, auch den Zusammenhang der Zitate zu lesen.

[2] Apostelgeschichte, Kapitel 11, Vers 26.

Das dafür gebrauchte griechische Wort lautet *christianos*, wörtlich ein „Christianer", also ein *Christusmensch*.

Hier ist der Ursprung der Bezeichnung „Christ". Ein Christ definiert sich also von Christus her.

Darum geht es beim Christsein entscheidend: um die *Beziehung zu Jesus Christus*. Ob jemand Christ ist, hängt davon ab, ob er eine Beziehung zu Jesus Christus hat. Das ist der Kernpunkt.

Und: Um Christ zu sein, braucht man diese Beziehung zu Christus.

Auch das ist klar: Wer Christ *sein* will, muss Christ *werden*. Christ werden – darum geht es im Folgenden.

Christ werden ist keine Forderung, sondern ein großartiges Angebot, das nicht zu überbieten ist. Es ist das Angebot einer Lebenserneuerung. Dieses Angebot macht uns Gott selbst: durch Jesus Christus.

# Wer ist (k)ein Christ?

Was macht einen Christen aus? Bei dieser Frage bestehen häufig Missverständnisse. Das Wort „Christ" wird oft sinnentfremdet oder in einer anderen Bedeutung gebraucht.

Im Folgenden will ich aufgrund der Definition des Neuen Testaments einige Missverständnisse ausräumen.

## Missverständnis 1:
## Christ ist, wer ein guter Mensch ist

Dies ist das moralische Missverständnis. Es ist sehr verbreitet. Manche Menschen fühlen sich angegriffen, wenn sie auf die Notwendigkeit hingewiesen werden, zu Jesus Christus umzukehren: „Ich bin ein guter Christ! Ich bin nicht schlechter als andere."

Aber Christsein ist nicht gleichbedeutend mit „moralisch sein". Ein gutes Leben allein macht noch niemanden zum Christen. Auch Nichtchristen, zum Beispiel Anhänger anderer Religionen, können ein moralisch hoch stehendes Leben führen.

Auf der anderen Seite gibt es Christen, die aus einem unmoralischen oder ungeordneten Leben kommen und jetzt eine Beziehung zu Jesus Christus gefunden haben. Sie müssen noch mühsam daran arbeiten, ihr Leben neu zu ordnen. Rein moralisch beurteilt bleiben sie vielleicht hinter manchem Nichtchristen zurück. Und doch sind sie Christen geworden, weil sie in Gemeinschaft mit Jesus Christus ihr Leben gestalten.

## Missverständnis 2:
## Christ ist, wer Mitglied einer Kirche ist

Auch dieses Missverständnis enthält, wie das vorige, einen wahren Kern. Christen sollten danach streben, „gute Menschen" zu werden. Und natürlich gehört das zum Christsein: Ein Christ lebt seinen Glauben in der Gemeinschaft mit anderen Christen, also in einer christlichen Gruppe, in einer Gemeinde oder Kirche.

Und doch macht allein die Mitgliedschaft in einer Kirche noch niemanden zum Christen. Niemand ist schon allein deshalb ein Auto, weil er in einer Garage geboren wurde. Ebenso kann ein Mensch getauft, gefirmt oder konfirmiert und sogar ein regelmäßiger Kirchgänger sein, ohne wirklich Christ zu sein. Auch die aktive Mitarbeit in einer christlichen Gemeinde macht noch niemanden zum Christen.

Jesus selbst machte auf diese traurige Gefahr der Selbsttäuschung aufmerksam: „Am Tage des Gerichts werden viele zu mir sagen: ‚Herr, Herr! In deinem Namen haben wir Weisungen Gottes verkündet und viele Wunder getan.' Und trotzdem werde ich das Urteil sprechen: ‚Ich habe euch nie gekannt!'"[3]

Wichtig ist also nicht, zu welcher Gruppe oder Gemeinde jemand gehört oder was er für Gott *tut*, sondern ob ein Mensch Gott persönlich *kennen gelernt hat*.

## Missverständnis 3:
## Christ ist, wer religiöse Erfahrungen macht

Ebenso wenig wie Moral und Kirchenzugehörigkeit machen religiöse Erfahrungen

---

[3] Matthäus-Evangelium, Kapitel 7, Verse 22 und 23.

einen Menschen zum Christen. Erhebende Gefühle, bewegende, das Alltägliche übersteigende Erlebnisse können uns in vielen verschiedenen Situationen erfassen. Eine meisterhaft gespielte Symphonie, eine Wanderung in den Alpen oder ein feierlicher Gottesdienst können uns zutiefst bewegen. Solche Erfahrungen allein aber führen noch nicht ins Christsein, obwohl sie sicherlich auch Hinweise auf Gott enthalten können.

Entscheidend ist nicht ein Gefühl, sondern der Inhalt, aus dem dieses Gefühl gespeist wird. Für den Christen ist *Jesus Christus* der Inhalt, der alles bestimmt. Von ihm erfasst, können wir dann auch tiefe religiöse Erfahrungen machen. Aber das Christsein baut nicht darauf auf. Die Verbindung zu Jesus Christus übersteigt alle moralische Anstrengung, alles kirchliche Engagement und alle religiöse Erhebung.

## Das Verständnis der Bibel: Christsein bezeichnet die Lebensverbindung mit Jesus Christus

Christsein heißt: *in Verbindung mit Christus* leben. Die unverwechselbare, personhafte, existenzielle, andauernde Beziehung zu Jesus Christus ist Merkmal und Inhalt des Christseins. Christsein heißt, sein Leben in dieser persönlichen Beziehung, in der Freundschaft mit Jesus Christus zu führen. Hier ist die unveränderliche Mitte.

Die Wege in diese Mitte hinein können jedoch sehr unterschiedlich sein. Gott hat jeden einzelnen Menschen individuell geschaffen. Die Lebensumstände keiner zwei Menschen sind gleich. Der Ausgangspunkt mag unterschiedlich sein. Aber das Ziel und die Richtung sind klar. Jesus ruft uns zu sich selbst: „Kommt doch zu mir!" „Wer durstig ist, soll zu mir kommen und trinken."[4]

Den Weg *zu Jesus* möchte ich als Christ*werden* bezeichnen.

Den Weg in der Gemeinschaft *mit Jesus* nenne ich Christ*sein*.

---

[4] Matthäus-Evangelium, Kapitel 11, Vers 28; Johannes-Evangelium, Kapitel 7, Vers 37.

# Der Weg zu Jesus

Beim Lesen der Evangelien können wir mitverfolgen, wie Jesus Menschen begegnete und wie er sie in eine Beziehung zu sich brachte. Keine dieser Begegnungen verläuft gleich. Jesus geht nicht nach einem Schema vor, sondern geht auf jeden Einzelnen persönlich ein. Dem intellektuellen, angesehenen religiösen Führer begegnet er anders als dem einfachen Fischer vom See Tiberias. Dem reichen, jungen Mann sagt er etwas anderes als der armen Witwe. Die stadtbekannte Prostituierte spricht er anders an als den gesetzestreuen Juden.

Das ist ein Wesensmerkmal der gewinnenden Liebe, die Jesus Christus gelebt hat. Niemals ging es ihm um die Form. Immer ging es um den Menschen.

Das gilt heute in derselben Weise. Jesus begegnet den Menschen auf ihrer Ebene, auf der Ebene ihrer Fragen, ihrer Bedürftigkeit, ihrer Zweifel und Angst, ihrer Not und ihrer Schuld. Er kann sich ganz in unsere Lage hineinversetzen. Seine „Allgegenwart" ist kein theoretischer Glaubenssatz, sondern eine direkte Zusage an uns.

Jesus Christus spricht sein Wort der Einladung direkt in unsere Lebenssituation hinein. Sein Angebot der Lebenserneuerung gilt jedem, egal wo wir stehen.

Wer dies weiß und darauf reagiert, vielleicht noch zaghaft, geht schon die ersten Schritte ins Christsein hinein.

Damit beginnt das Christwerden: auf den Ruf von Jesus Christus zu antworten; herauszutreten aus dem alten Lebensgefüge, das unser Leben bislang prägte, und hineinzutreten in Gottes Wirklichkeit. Hervorzukommen aus den Verstecken und den Sackgassen, hinein in sein Licht und auf seinen Weg.

Das ist die *Umkehr zu Gott*. Wollen, Denken und Handeln schlagen eine neue Richtung ein.

### *Die Geschichte einer Umkehr*

Jesus erzählte eine unvergleichliche Geschichte. Es ist die Geschichte von jedem Menschen, auch deine und meine Geschichte.[5]

Der Sohn war fortgegangen aus dem Haus seines Vaters. Er hatte sein Erbe eingefordert, obwohl der Vater noch lebte. Der Vater hatte es ihm ausgezahlt. So lebte er noch in der Ferne auf Kosten des Vaters. Dass man Liebe nicht kaufen kann, merkte er erst, als es zu spät war. Alles, was er mitgebracht hatte, war verbraucht. Er hatte keine Reserven mehr. Mit dem Geld verließen ihn auch die Freun-

---

[5] Lukas-Evangelium, Kapitel 15, Verse 11-24.

de. So fand er sich ausgestoßen draußen vor der Tür vor. Ein halbwegs mitleidiger Landwirt ließ ihn Schweine hüten. Zu essen gab er ihm aber nicht.

Dort bei den Schweinen, am Ende seines Weges, kam er zur Besinnung. In dieser ausweglosen Lage kam ihm die Erinnerung an das Haus des Vaters. „Selbst die geringsten Arbeiter dort haben es besser als ich, der ich doch eigentlich ein Sohn bin!" Aber seine Stellung als Sohn hatte er verspielt – so dachte er jedenfalls. „Ich will umkehren und zu meinem Vater gehen. Ich will meine Schuld zugeben und ihn bitten, dass ich wie ein geringer Lohnarbeiter bei ihm unterkommen kann." Stolz und reich war er ausgezogen, abgebrannt und reumütig kam er zurück.

Der Vater sieht ihn schon von weitem kommen. Er rennt, ganz ungebührlich, auf ihn zu. „Vater, ich habe falsch gehandelt! Ich bin es nicht wert, dein Sohn zu sein. Lass mich nur wie einen deiner letzten Arbeiter sein." Doch der lässt ihn gar nicht ausreden. Keine Strafpredigt, keine Drohung – er umarmt und küsst ihn. Nach einem ausgiebigen Bad gibt es neue Kleider, Schuhe und den Siegelring, der ihn als Sohn mit allen Rechten auszeichnet. Und dann fängt das Fest an, mit dem Besten, was man hatte, eine rauschende Feier mit Musik und Tanz.

Diese Geschichte gehört zu den bekanntesten des Neuen Testaments. Sie wird häufig als die „Geschichte vom verlorenen Sohn" bezeichnet. Doch eigentlich sollte sie die „Geschichte von der Freude des Vaters" heißen. Denn darum geht es im Tiefsten.

Jesus zeichnete in dieser Geschichte nicht nur das Bild von uns Menschen, sondern auch ein Bild von sich selbst. Er ist der Gott, der uns auf den Straßen unseres Lebens weit entgegenläuft. Er wartet auf uns und empfängt uns gerne, wenn wir uns aufmachen, heimzukehren in das „Vaterhaus" der Gegenwart Gottes.

Das ganze Leben von Jesus war ein einziges Entgegenkommen. Seine Zuwendung galt allen in gleicher Weise: Kindern und Alten, Angesehenen und Ausgestoßenen, Kranken und Gesunden. Er stieß keinen von sich weg.

Jesus war auf der Suche nach Menschen, die sich auf ihrem Lebensweg verlaufen hatten. Er lud sie zu sich ein. Er forderte sie heraus mit der Wahrheit Gottes. Er rief sie zu einer grundsätzlichen Lebenswende. Nie aber versuchte er, einen Menschen zu etwas zu zwingen. Er konnte Menschen gehen lassen, wie der Vater in seiner Geschichte. Er machte keinen Menschen von sich abhängig, sondern stellte ihn in die Freiheit. Es ist die Freiheit der Entscheidung für oder gegen ihn.

*Die Geschichte einer Entscheidung*

Es ist meine eigene Geschichte. Weil meine Eltern stark in der Kirche engagiert waren, kannte ich von klein auf die biblische Botschaft. Dennoch war ich nicht frei für Jesus.

Im Rückblick kann ich erkennen, dass ich in mir selbst gefangen war. Meine Ichsuche aufgrund von Minderwertigkeitsgefühlen führte zur Ichsucht. Ein Wechselbad aus Hochmut und Niedergeschlagenheit, Sehnsucht und Trauer verdunkelte früh die Seele. Dennoch konnte ich immer wieder Freude und Geborgenheit durch die Nähe Gottes erfahren.

Aber ich verrannte mich immer mehr in mich selbst. Krampf statt Freude, Angst statt Gelassenheit prägten mein Leben. Eines Nachts, ich konnte nicht schlafen, hörte ich Gottes Reden. Nicht akustisch, aber ganz klar. Vor meinem inneren Auge sah ich deutlich zwei Wege. Und mir wurde klar, dass ich mich zwischen ihnen entscheiden musste.

- Der eine war der Weg, in dem ich mich selbst bestimmte. Ein Weg in der Selbstführung, wo ich meine Gaben und Talente ganz zum Einsatz brächte, mich selbst aufbaute und meine Fähigkeiten voll ausnutzen würde, um mich zu finden und zu bestätigen und das Beste aus meinem Leben zu machen. Der Weg der Selbsterhaltung und der Selbsterhöhung, der sich letztlich doch nur in der Belanglosigkeit verlieren würde. Mein Weg, der Weg meines Ichs, ohne Gott.
- Ebenso deutlich sah ich den anderen Weg, der auf den ersten Blick schwerer schien. Ein Weg, der von mir Hingabe und Demut verlangt, ein Weg, auf dem ich es zulasse, dass Jesus mich führt. Ein Weg, wo Jesus die Regie führt und nicht ich selbst.

Ein Weg, der vor Hindernissen nicht Halt macht. Ein Weg mitten durch Schwierigkeiten bis zum Ziel, das Gott meinem Leben gesetzt hat. Ein Weg des Sterbens, der zum Leben führt.

Diese Alternative erfasste mein Herz in jener Nacht. Ich wusste, dass es letzten Endes nur diese beiden Wege gibt. Und ich hörte das Reden von Jesus in meinem Innern: „Du selbst musst wählen, welchen Weg du gehen willst. Doch ich lade dich ein, dich mit mir auf den Weg zu machen."

Das Bild von den beiden Wegen, zwischen denen ein Mensch wählen kann, hat Jesus selbst gebraucht. In der berühmten Bergpredigt sagt er[6]: „Geht durch die enge Tür! Denn das Tor, das ins Verderben führt, ist breit und die Straße dorthin bequem. Aber die Tür, die

---

[6] Matthäus-Evangelium, Kapitel 7, Verse 13 und 14.

zum Leben führt, ist eng und der Weg dorthin anstrengend. Nur wenige gehen ihn."

Schon das ist ein Reden Gottes, wenn man überhaupt diese Entscheidung, diese beiden Wege erkennen kann. In jener Nacht sah ich sie und wählte den Weg mit Jesus. Ein erfahrener Christ half mir dabei, diese Entscheidung vor Gott im Gebet auszudrücken und festzumachen.

Das geschah allerdings nicht mit fliegenden Fahnen oder voller Selbstvertrauen. Ich wusste, dass ich aus eigener Kraft nicht auf diesem Weg bleiben konnte. Mein Gebet war: „Jesus, ich will auf deinem Weg gehen. Ich weiß aber, dass ich es nicht allein kann. Du musst mir helfen und mich selbst an die Hand nehmen. Ich will mich für dich entscheiden – bitte hilf mir, dass ich durchhalte!"

Und so konnte ich durch die „enge Tür" hindurchgehen. Und ich merkte, dass meine

Entscheidung für Jesus, die so schwach und angefochten war, getragen und umschlossen war von der ewigen Entscheidung Gottes für mich. Ich brauchte den Weg nicht allein zu gehen. Jesus ist mit mir auf dem Weg.

*Die Geschichte einer Befreiung*

Meine Gesprächspartnerin war schon immer religiös interessiert gewesen. Der Materialismus, den sie bei vielen Menschen um sich herum sah, stieß sie ab. Ihre Eltern, die auch für höhere Dinge offen sein wollten, hatten sie auf eine Schule geschickt, in der besonders die geistige Weiterentwicklung der Person auf dem Programm stand. Das Bewusstsein für die Zusammenhänge von Natur und Geist und die Suche nach einem freien, unabhängigen Menschsein gehörten zur Grundausstattung ihrer Ausbildung. Bald schon machte sie übernatürliche Erfahrungen. Bewusstseinserweiterung durch Kontakt mit übergeordneten Geistwesen – das schien ihr der Weg zur Erfüllung zu sein.

Jesus Christus kam auch in ihrem Denksystem vor, galt aber nur als eine von mehreren Möglichkeiten, an verborgenes Wissen zu gelangen. Dann traf sie mit Menschen zusammen, die dem wirklichen Jesus Christus nachfolgten. Ihr wurde deutlich, dass hier zwei völlig unterschiedliche Lebenskonzepte vorlagen. Die Worte des Jesus von Nazaret, ohne Umdeutung durch das antrainierte mystisch-religiöse Denksystem, wurden zu einem Stachel in ihrer Seele. Besonders die absolut klingenden Aussagen von Jesus machten ihr zu schaffen: *„Ich* bin der Weg, der zur Wahrheit und zum Leben führt. Einen anderen Weg zum Vater gibt es nicht."[7]

---

[7] Johannes-Evangelium, Kapitel 14, Vers 6.

Dieser Anspruch stand in völligem Gegensatz zu dem, was sie bislang geglaubt hatte. Konnte das wahr sein? So kämpften zwei entgegengesetzte Kräfte um ihr Herz und ihr Denken.

Der Konflikt spitzte sich immer mehr zu. Letztlich lief es darauf hinaus: Selbsterlösung und geistige Höherentwicklung aus eigener Kraft – oder Erlösung durch Jesus. Mehr und mehr erkannte sie ihre bisherige Lebensphilosophie als Gefängnis. Der Weg der Selbsterlösung war eine Sackgasse, in die sie von Mächten getrieben wurde, die sich immer mehr zwingend auf sie legten.

In dieser Situation wandte sie sich in einem Gebet an Jesus. In diesem Gebet lud sie ihn ein, ihr zu begegnen, ihr nahe zu sein und alle anderen Mächte in ihr zu überwinden. In den Wochen und Monaten, die folgten, wuchs ihre Gesprächsbeziehung zu Jesus ständig. Sie stellte sich bewusst in eine christliche Gemeinschaft hinein und erlebte Veränderung.

Und doch war ihr Denken noch stark von der Philosophie der Selbsterlösung geprägt. Geistige Erlebnisse, die ihren Ursprung nicht im guten Geist Jesu Christi, sondern in unheimlichen Mächten hatten, drängten sich ihr auf. Es stellten sich Störungen in ihren Gebeten ein. Träume übersinnlichen Inhalts ängstigten sie.

So kam sie zu uns. Wir beteten miteinander, die Mächte verloren ihre Macht. Sie sagte sich von ihnen los. Seither ist ihre Macht gebrochen. Sie kann Jesus klarer sehen als vorher. Die übersinnlichen Erfahrungen haben ein Ende gefunden. Stattdessen wächst die wirkliche Gottesbeziehung, wachsen Freude, Vertrauen und Friede.

Drei Geschichten von Menschen, die auf der Suche waren. Alle drei sind wahr. Sie stehen für viele andere. In jeder sehen wir einen bestimmten Aspekt des Christwerdens: *Umkehr, Entscheidung, Befreiung.*

*Umkehr* – wie bei dem Sohn, der zum Vater zurückfindet.

*Entscheidung* – zwischen zwei Lebenswegen.

*Befreiung* – von verführerischen Mächten und Weltanschauungen.

In jedem Fall mussten konkrete Schritte gegangen werden. Auf dem Weg zu Gott kommt es letztlich nicht so sehr darauf an, *welchen* Schritt jemand zuerst tut; wichtig ist, *dass* er überhaupt anfängt zu gehen.

Nur darüber nachzudenken, ist nicht genug. Ein konkreter Anfang ist gefragt.

# Bilder des Christwerdens

In der Bibel werden verschiedene Begriffe und Bilder gebraucht, um den Weg des Christwerdens zu beschreiben. Sie zeigen jeweils einen Teil des ganzen Vorgangs. Denn wenn jemand Christ wird, hat das Auswirkungen in allen Bereichen seines Lebens, bis in die weiteste Zukunft hinein. So kann jedes Bild nur einen Teil dieses Vorgangs verdeutlichen. Ich will einige nennen:

*Christwerden ist wie eine Geburt*

Diese Antwort gibt Jesus dem einflussreichen Theologen Nikodemus: „Nur wer von neuem geboren ist, wird Gottes neue Welt zu sehen bekommen."[8] Was er sagen will, ist klar.

---

[8] Johannes-Evangelium, Kapitel 3, Vers 3.

Eine Geburt ist ein passiver Vorgang. Man wird geboren, ohne gefragt zu sein. Das Geschenk des Lebens überrascht uns.

Ebenso ist es mit dem Christwerden und Christsein. *Gott* ist es, der das „neue Leben" schenkt. Er ist letztlich der Handelnde. Er ruft uns in die neue Existenz als Christen. Das Entscheidende tut Gott, nicht wir Menschen.

Noch etwas Weiteres sagt der Vergleich mit einer Geburt. Sie geschieht nicht von heute auf morgen. Sie ist von langer Hand vorbereitet. So wie der Same das Ei befruchtet, dieses sich einnistet und in der Verborgenheit wächst, so ist es mit dem Christwerden. Irgendwann trifft uns ein Wort von Gott, ein Wort der Bibel: eine Zusage, eine Tröstung, eine Herausforderung. Wir nehmen dieses Wort an und geben ihm Raum, vielleicht ganz tief im Herzen verborgen. Dort wächst es, wird stark und lebensfähig, bis schließlich aus dem Samen des Wortes von Gott ein neues Leben von Gott entsteht.

Das ist der tiefste Sinn der biblischen Aussage, dass wir „Kinder Gottes" werden und sein sollen. Christsein kann niemand für sich selbst produzieren. Christen sind aus dem Willen und aus dem Wort Gottes geboren. Gott selbst hat das neue Leben in uns hervorgebracht. „Manche nahmen ihn [= Jesus] auf und schenkten ihm ihr Vertrauen. Ihnen gab er das Recht, Kinder Gottes zu werden. Das wurden sie nicht durch natürliche Geburt oder weil Menschen es so wollten, sondern weil Gott ihnen ein neues Leben gab."[9]

*Christwerden ist ein Herrschaftswechsel*

Es stimmt nicht, dass der Mensch letztlich autonom ist. Immer wird er von etwas be-

---

[9] Johannes-Evangelium, Kapitel 1, Verse 12 und 13.

stimmt. Die Frage ist nur, was das ist. Martin Luther hat einmal gesagt: Der Mensch ist wie ein Lasttier: entweder wird er von Gott geritten oder vom Teufel. Was einen „reitet", beherrscht und niederdrückt, weiß man selbst am besten.

Jesus lädt jeden ein, zu ihm zu kommen, wie er ist. Wir müssen uns nicht zuerst selbst verbessern oder reinigen. Jesus bietet uns die entscheidende Hilfe an: „Ich will euch die Last abnehmen! Ich quäle euch nicht und sehe auf keinen herab. Stellt euch unter meine Leitung und lernt bei mir; dann findet euer Leben Erfüllung. Was ich anordne, ist gut für euch, und was ich euch zu tragen gebe, ist keine Last."[10]

Die Herrschaft der Sorge, der Angst, der Gier, der Eifersucht, des Neids, der Unreinheit und Unversöhnlichkeit und aller ande-

---

[10] Matthäus-Evangelium, Kapitel 11, Verse 28-30.

ren Destruktivmächte wird gebrochen, wenn Jesus Herr in unserem Leben wird.

Das christliche Urbekenntnis lautet: „Jesus ist der Herr!"[11] Das bedeutet: „Jesus ist Herr über alles, und er ist auch mein Herr!" Wer das ehrlich sagt, ist Christ.

Seit Jesus von den Toten auferstanden ist, kann ihm nichts und niemand die Herrschaft mehr streitig machen. Es ist die wohltuende Herrschaft des „Friedensfürsten"[12], unter der wir aufatmen und neue Kraft schöpfen.

Christwerden ist ein Herrschaftswechsel. „Gott hat uns aus der Gewalt der dunklen Mächte gerettet und uns unter die Herrschaft seines geliebten Sohnes gestellt. Durch ihn hat er uns befreit. Seinetwegen vergibt er uns unsere Schuld."[13]

---

[11] 1. Brief an die Gemeinde in Korinth, Kapitel 12, Vers 3.
[12] Altes Testament, Prophet Jesaja, Kapitel 6, Vers 5: „Man wird ihn nennen: umsichtiger Herrscher, mächtiger Held, ewiger Vater, Friedensfürst."
[13] Kolosserbrief, Kapitel 1, Verse 13 und 14.

*Christwerden ist der Gang zu einem Fest*

Dieses Bild stammt ebenso wie die anderen von Jesus selbst. Er verglich die Herrschaft Gottes mit einem großen, festlichen Abendessen. Schon lange vorher hatte der Gastgeber die Gäste eingeladen. Als alles fertig war und das Fest beginnen sollte, kamen sie nicht. Jeder hatte eine andere Ausrede. Ihr Alltag war ihnen wichtiger als das Fest, das für sie vorbereitet war.

Jesus erzählt weiter: „Da wurde der Herr zornig und befahl seinem Diener: ‚Lauf schnell auf die Straßen und Gassen der Stadt und hol die Armen, Verkrüppelten, Blinden und Gelähmten her. Geh auf die Feldwege und an die Hecken und Zäune und dränge die Leute zu kommen, damit mein Haus voll wird!'"[14]

---

[14] Lukas-Evangelium, Kapitel 14, Verse 16-24.

Gott lädt uns ein zu seinem Fest. Er will uns beschenken. Er will uns satt machen mit guten Dingen. Freude, Heilung, Versöhnung, Sinn, Geborgenheit und Gemeinschaft warten auf uns. Das Fest kann losgehen.

Oder doch noch nicht? Gott will warten, bis auch wir hereinkommen und an seinem Tisch Platz genommen haben. Es ist noch ein freier Platz für uns an der Festtafel. Alles ist bereit. Auf dem gedeckten Tisch steht eine Platzkarte mit unserem Namen.

Christwerden ist der Gang zu Gottes Fest. Christsein ist das Fest.

Bei Gott ist die Festfreude an der Tagesordnung. Gemeinschaft, Beziehung, Musik, ein sättigendes Mahl, neue Freunde, Kreativität, Spaß und Harmonie kennzeichnen die Atmosphäre der Gegenwart Gottes.

Wir sind zum Fest eingeladen. Das ist wirklich so, auch wenn wir es nicht erwarten. Der junge Mann in unserer ersten Geschichte wusste das nicht. Er erwartete alles beim Vater, nur kein Fest. Und doch war es wahr.

### Wie man Christ werden kann

Eine neue Geburt, ein Herrschaftswechsel, der Gang zu einem Fest: Bilder, die Jesus gebrauchte, um uns in seine Gemeinschaft zu locken.

Christwerden – die Eingangstür zum Christsein, zum Leben mit Gott. Christ wird, wer durch die Tür hineingeht, wer auf den Ruf von Jesus antwortet. Wie kann das konkret geschehen?

An dieser Stelle hört das reine Nachdenken auf. Jetzt sind bewusste Schritte dran. Der große Theologe Martin Kähler (1835-1912) schrieb ein Gebet auf, das an dieser Stelle helfen kann:

*„... der Herzen wendet, dass man dich sucht,
Verborgener, Offenbarer, so nah und so fern,
du einiger wahrer Herr aller Herrn:
hilf aus den Gedanken ins Leben hinein,
ganz ohne Wanken dein Eigen zu sein."*

Wer so weit gefolgt ist, den lade ich ein, noch weiter mitzukommen. Nachdenken allein führt nicht mehr weiter.

Ich möchte jetzt persönlich werden: Was kannst du tun, um Christ zu werden? Welche Schritte sind notwendig?

## 1. Schritt: Du kannst hören

Gott möchte mit dir sprechen, ganz persönlich und ganz in deine Situation hinein. Richtiger gesagt: in dein „Herz" hinein, in die Mitte deiner Person. Er möchte mit dir sprechen wie ein Freund mit seinem Freund. Sein Reden ist oft leise und leicht zu überhören. Viele andere Stimmen versuchen, die Stimme Gottes in unserem Leben zu übertönen. Jesus sagt: „Ich stehe vor der Tür und klopfe an. Wenn jemand meine Stimme hört und öffnet, werde ich bei ihm einkehren." [15]

Die Stimme von Jesus hören – wie sieht das praktisch aus?

Eine Möglichkeit: Nimm dir eine Bibel zur Hand – möglichst in einer modernen Übersetzung – und lies eins der Evangelien aufmerksam durch. Die Evangelien sind die Lebensberichte von Jesus. Stelle dir dabei folgende Fragen:

- Was wird hier über Jesus ausgesagt?
- Was sagt Gott mir durch diese Worte über mich selbst?
- Was sagt er mir über den Weg zu Jesus?

---

[15] Offenbarung an Johannes, Kapitel 3, Vers 20.

Du fragst also beim Lesen im Neuen Testament:
Wer ist Jesus? Wer bin ich vor Gott? Wie sieht der Weg zu Jesus aus?
Wenn du auf diese Weise „hörend" die Bibel liest, kann das Wunder geschehen, dass Gott dich durch sie direkt anspricht. Was er dir sagt, setze dann in die Tat um. Wenn dir etwas klar wird, handle entsprechend. Dann wirst du erfahren, wie Gott immer weiter mit dir redet; und du wirst immer mehr in der Lage sein, seine Stimme von den anderen Stimmen in dir und um dich herum zu unterscheiden. Auf dem Weg des Hörens und Tuns erkennst du immer mehr, wer Jesus ist.[16]

---

[16] Jesus lädt zu diesem Experiment ein: „Wenn jemand bereit ist, den Willen Gottes zu tun, der wird erkennen, ob dies von Gott ist oder ob ich von mir selbst rede." Johannes-Evangelium 7,17 (nach Luther-Übersetzung).

## 2. Schritt: *Du kannst beten*

Kommunikation ist das Kennzeichen einer lebendigen Beziehung: Zuhören, miteinander sprechen, einander antworten. Gebet ist der Weg der Kommunikation mit Gott. Beten ist der Draht, der uns mit Gott verbindet. Es kommt nicht auf den Wortlaut unserer Gebete an. Es geht nicht um eine Formel oder ein Ritual. Gebet ist vielmehr der Ausdruck von dem, was in unserem Herzen ist. Unser Beten kann sehr unbeholfen sein. Das macht nichts.

In der Bibel finden wir viele Beispiele von Gebeten, die ein erster Kontakt zu Jesus Christus sind oder die ein abgebrochenes Gespräch wieder aufnehmen. Meist sind sie sehr kurz. Und doch sind sie der Anfang eines Gesprächs, das nie mehr abbricht und ein ganzes Leben verändert. Ich nenne einige davon:

- „Gott, hab Erbarmen mit mir, ich bin ein sündiger Mensch!"[17] So betete ein Ausbeuter, als er zu Gott umkehrte.
- Ein Blinder am Straßenrand in Jericho rief: „Jesus, Sohn Davids! Hab Erbarmen mit mir!"[18]
- Und als der Christenverfolger Paulus auf der Straße nach Damaskus erkennen musste, dass er gegen Gott kämpfte, war sein entscheidendes erstes Gebet: „Wer bist du, Herr?"[19]

Du *kannst* beten. Du kannst Gott dein Herz ausschütten. Gott möchte keine wohlklingenden Worte. Er möchte in ein echtes, ehrliches Gespräch mit dir eintreten. Am Schluss findest du ein Gebet, das dir bei der Kontaktaufnahme mit Gott helfen kann.

---

[17] Lukas-Evangelium, Kapitel 18, Vers 13.
[18] Lukas-Evangelium, Kapitel 18, Vers 38.
[19] Apostelgeschichte, Kapitel 9, Vers 5.

## 3. Schritt: Du kannst Schuld bekennen und loslassen

Wie der heimkehrende Sohn in der Geschichte, die Jesus erzählt, kannst du vor Gott ehrlich werden. Du kannst ihm die Niederlagen und Dunkelheiten deines Lebens sagen. Du kannst vor Gott ausdrücken, was dich an Schuld und Versagen belastet. Es gilt die Zusage der Bibel: „Wenn wir unsere Schuld eingestehen, dürfen wir uns darauf verlassen, dass Gott Wort hält: Er wird uns dann unsere Verfehlungen vergeben und alle Schuld von uns nehmen, die wir auf uns geladen haben."[20]

Dafür hat Jesus mit seinem Leben gebürgt. Dafür ging Jesus ans Kreuz. Dafür hing er zwischen Himmel und Erde und starb als verurteilter Verbrecher. Dort nahm er alle Sünde und Schuld der Menschen mit in den Tod.

---

[20] 1. Brief des Johannes, Kapitel 1, Vers 9.

Als Jesus am Kreuz starb, hat er auch an uns gedacht und unsere Schuld auf sich genommen. Der Gerechte starb für die Ungerechten, der Gottessohn für die Gottlosen, damit wir leben können. „Christus starb für uns, als wir noch Gottes Feinde waren. Damit hat Gott uns gezeigt, wie sehr er uns liebt. Als wir noch Gottes Feinde waren, hat Gott durch den Tod seines Sohnes unsere Feindschaft überwunden."[21]

Deshalb sind die ausgebreiteten Arme von Jesus am Kreuz nichts anderes als die offenen Arme des Vaters, der seinem Kind alles vergibt und es hineinnimmt in das Fest der Freude.

Das ist das Geheimnis des Kreuzes von Jesus: Die scheinbare Niederlage wird zum größten Sieg. Gott selbst überwindet die Macht der Dunkelheit.

---

[21] Brief an die Gemeinde in Rom, Kapitel 5, Verse 8 und 10.

Jesus Christus blieb nicht im Tod. Er ist von den Toten auferstanden und hat so die Macht des Todes überwunden. Sein neues Leben ist unzerstörbar: „Hab keine Angst! Ich bin der Erste und der Letzte. Ich bin der Lebendige! Ich war tot, doch nun lebe ich in alle Ewigkeit. Ich habe Macht über den Tod und die Totenwelt."[22]

Durch die Auferstehung von Jesus gibt es die Möglichkeit eines neuen Lebens. Nie mehr dürfen Todesmächte uns von Gott trennen, keine Schuld, keine Angst. Keinen Augenblick länger brauchen wir in der Dunkelheit der Gottesferne zu bleiben.

Wenn wir Schuld verheimlichen, binden wir uns an sie und werden weiterhin von ihr geprägt. Wenn wir unsere Schuld jedoch vor Gott offen beim Namen nennen, werden wir von ihr gelöst und frei. Dieser Schritt ist si-

---

[22] Offenbarung an Johannes, Kapitel 1, Verse 17 und 18.

cher nicht leicht. Aber er ist wichtig und grundlegend für eine Umkehr zu Gott.

Es ist oft hilfreich, ihn in der Gegenwart eines anderen Christen zu tun. Der andere ist dann der Zeuge des Gespräches zwischen Gott und dir. Das ist der Sinn dieses Bekenntnisses. Seine Schuld beim Namen zu nennen – manche nennen dies „Beichte" – ist kein Zwang, sondern ein Angebot, das helfen soll, die Sündenvergebung wirklich anzunehmen. Wer so seine Schuld bei Gott ablädt, bekommt Freude und neuen Mut.

Du kannst als Sünder, als fehlerhafter und schwacher Mensch, zu Gott kommen. Du musst nicht erst fromm oder heilig werden. Gott nimmt dich so, wie du bist, aber er lässt dich nicht so. Er will und wird dich verändern, wenn du dich ihm anvertraust.

## 4. Schritt: Du kannst dich von allen negativen Mächten lossagen

In der frühen Kirche gehörte die *abrenuntiatio diaboli,* die Absage an den Teufel, zum festen Bestandteil jeder Taufe. Oft wurde sie so formuliert: „Ich sage ab dem Teufel und allen seinen Werken."

Gerade wenn Bindungen an andere Mächte vorliegen, ist solch eine Lossagung im Gebet hilfreich. In ihr sprichst du dich von jedem Anrecht, das andere Mächte an dich haben könnten, los und stellst dich ganz auf die Seite Gottes. Du trittst so in den Machtbereich von Jesus ein, der jede finstere Macht besiegt hat, und erfährst: „Der Geist [Jesu], der in euch wirkt, ist mächtiger als der Geist [des Teufels], der diese Welt regiert."[23]

---

[23] 1. Brief des Johannes, Kapitel 4, Vers 4.

## 5. Schritt: Du kannst von Gottes Geist erfüllt werden

„Der Geist, den Gott uns gegeben hat, macht uns nicht zaghaft, sondern gibt uns Kraft, Liebe und Besonnenheit."[24] Die *Kraft* des Geistes Gottes kann unser Leben ganz umgestalten und prägen. Die *Liebe* kann unser ganzes Leben erfüllen. Die *Besonnenheit,* die der Heilige Geist gibt, hilft uns, Gottes Willen zu erkennen und zu tun.

Bitte deshalb konkret darum, dass Gott dich mit seinem heiligen Geist erfüllt. Er will mit seiner heilenden und erneuernden Kraft in alle Ecken und Winkel deines Lebens kommen.

Gott gibt seinen Geist jedem, der im Vertrauen auf Jesus zu ihm kommt. Jesus hat gesagt: „Wer durstig ist, soll zu mir kommen und trinken – jeder, der mir vertraut!" Denn

---

[24] 2. Brief an Timotheus, Kapitel 1, Vers 7.

in den heiligen Schriften heißt es: Aus seinem Innern wird lebendiges Wasser strömen. Jesus meinte damit den Geist, den die erhalten sollten, die ihm vertrauten.[25]

Mit Gottes Geist erfüllt zu werden, ist Teil des Christwerdens. Durch den Geist Gottes wird das Leben wirklich neu.

Diese fünf Schritte sind kein Schema, sondern eine Hilfe, die Tür für Jesus zu öffnen. Jesus ist mehr als bereit, auf unsere Einladung hin in unser Leben einzutreten. Christwerden und Christsein sind für dich jetzt eine echte Möglichkeit.

*Ein Gebet der Hingabe an Gott*

Vielleicht kann folgendes Gebet dir eine Hilfe für den Einstieg in die Beziehung zu Gott sein:

---

[25] Johannes-Evangelium, Kapitel 7, Verse 37 und 38.

*Herr Jesus Christus,
ich habe von dir gehört und erkannt, dass du der Sohn Gottes bist.
Du bist am Kreuz für mich gestorben.
Du bist auferstanden und du lebst heute.
Du hast unbeschränkte Vollmacht im Himmel und auf Erden.*

*Ich komme jetzt zu dir und bringe dir mein Leben, mich selbst.
Ich bitte dich, dass du in mein Leben eintrittst und die Herrschaft übernimmst.
Von nun an will ich zu dir gehören und deinen Willen tun.*

*Ich bringe dir auch meine Schuld und meine Gebundenheit.
Bitte vergib sie mir und befreie mich davon.
Ich sage ab dem Teufel und allen seinen Werken.*

*Ich stelle mich ganz auf deine Seite, Herr Jesus.*

*Herr, ich öffne mich jetzt für deinen heiligen Geist.*
*Erfülle mich mit ihm und lass seine ganze Kraft in mir wirksam werden.*

*Herr, ich danke dir, dass du mich hörst und erhörst.*
*Ich danke dir, dass du mir alle meine Schuld vergeben hast.*
*Danke für das Geschenk des neuen Lebens mit dir.*
*Ich lobe dich und bete dich an. Amen.*


Wenn du dieses Gebet als Ausdruck deines Willens gesprochen hast, hast du die Tür für Jesus Christus geöffnet.

Gott hat Ja zu dir gesagt, und du zu ihm. Was auch immer geschieht – dies steht felsenfest.

Dein Leben beginnt neu, als Christ. Jesus Christus ist jetzt das Zentrum deiner Existenz. Als Christ kannst du ganz Mensch sein. Du hast zu deiner Bestimmung gefunden.

Du kannst Mensch Gottes sein, so wie Gott sich dich gedacht hat, als er dich schuf. Und als Mensch kannst du ganz Christ sein, „radikal", von der Wurzel her, ganz und gar. Gott ist dir ganz nahe, um dich zu leiten. Der Weg als Christ ist wie eine große Entdeckungsreise. Hier ist der Startpunkt.

# Geschenke Gottes

Bevor du auf dem Weg weitergehst, solltest du noch die Geschenke auspacken, die Gott dir in die Wiege des neuen Lebens gelegt hat.

Das erste Geschenk ist die *Gewissheit*.
Jesus hat gesagt: „Ich werde keinen abweisen, der zu mir kommt."[26] Dass wir von Gott angenommen sind, ist eine besiegelte Sache. Der Grund dafür liegt nicht so sehr in unserer Entscheidung für Christus, so wichtig diese auch ist, sondern in der ewigen Entscheidung Gottes für uns.

Am Kreuz hat Jesus sich darauf festnageln lassen. Seine ausgebreiteten Arme zeigen dir: Gott ist für dich, „wer kann uns dann noch etwas anhaben? Er verschonte nicht einmal

---

[26] Johannes-Evangelium, Kapitel 6, Vers 37.

seinen Sohn, sondern ließ ihn für uns alle sterben. Wird er uns dann mit ihm nicht alles schenken? Niemand kann die Menschen anklagen, die Gott erwählt hat. Denn Gott selbst spricht sie frei. Kann uns dann noch etwas von Christus und seiner Liebe trennen?"[27]

Ein weiteres Geschenk ist ein *gereinigtes Gewissen*.
Die Kluft zwischen Gott und uns ist ein für alle Mal überbrückt. „In Christus hat er selbst gehandelt und hat aus dem Weg geschafft, was die Menschen von ihm trennte. Er rechnet ihnen ihre Verfehlungen nicht an."[28] Nichts kann uns mehr von Gott trennen. Die Erinnerung an unsere Schuld braucht uns nicht mehr niederzudrücken. Vielmehr wird sie zum Anlass, Gott für seine Vergebung und

---

[27] Brief an die Gemeinde in Rom, Kapitel 8, Verse 31-35.
[28] 2. Brief an die Gemeinde in Korinth, Kapitel 5, Vers 19.

Annahme zu danken. Freude kann dein Leben bestimmen, weil du den Rücken frei hast.

So schenkt Gott uns auch die *Möglichkeit zur Versöhnung*.
In der Kraft der Vergebung und Erneuerung, die wir selbst erfahren haben, können wir anderen Menschen vergeben und neu den Kontakt mit ihnen knüpfen. Alte Bitterkeiten, Feindschaften und Unversöhnlichkeiten können jetzt überwunden werden. Wir können lernen zu segnen, wo uns geflucht wurde, zu lieben, wo wir Hass erfahren haben, und für die zu beten, die uns beleidigt haben. So kann sich Gottes Herrschaft der Liebe und des Friedens auch durch uns ausbreiten.

Das vierte Geschenk, das Gott uns macht, ist das Geschenk der *Gemeinschaft*.
Gott hat uns als Kinder in seine Familie aufgenommen und stellt uns Schwestern und

Brüder an die Seite. Gemeinsam mit ihnen folgen wir Jesus nach. Wir gehören zusammen.

In der Gemeinschaft der Christen kann ein Mensch die Nähe von Jesus in besonderer Weise erfahren: „Wo zwei oder drei in meinem Namen zusammenkommen, da bin ich selbst in ihrer Mitte."[29] Auf Dauer kann niemand allein als Christ leben, ohne Schaden zu nehmen. In der Gemeinschaft erfahren wir Hilfe, Korrektur, Ermutigung und Wegweisung. In ihr können wir auch unsere Gaben und Aufgaben entdecken.

Gott begabt uns mit einem *Auftrag*. Gemeinsam mit den anderen Christen sind wir von Jesus beauftragt, seine Boten in dieser Welt zu sein: „Wie der Vater mich gesandt hat, so sende ich nun euch."[30]

---

[29] Matthäus-Evangelium, Kapitel 18, Vers 20.
[30] Johannes-Evangelium, Kapitel 20, Vers 21.

In diesem Auftrag, den Jesus uns gibt, sind Wort und Tat verbunden. In seinem Namen sollen wir den Menschen seine Botschaft bringen. In seinem Namen sollen wir aber auch die Kranken heilen, Hungernde speisen, Nackte kleiden und Obdachlose aufnehmen. Sein umfassender Auftrag ist nur durch die Gemeinschaft aller Christen zu erfüllen. So ist diese Gemeinschaft Aufgabe und Geschenk zugleich.

Das Geschenk der *Hoffnung*.
Als letztes der vielfältigen Geschenke Gottes möchte ich eins hervorheben, das heute von besonderer Bedeutung ist. Es ist die *Hoffnung*. Weil Jesus kein toter Religionsstifter ist, sondern der auferstandene und wiederkommende Herr, gibt es für Christen keine letztlich hoffnungslose Lage. Immer noch ist Jesus da. Seinen Möglichkeiten sind keine Grenzen gesetzt. Auf ihn können wir hoffen, wo es nach

menschlichem Ermessen nichts mehr zu hoffen gibt.

Christen sind Menschen der Hoffnung, weil sie den kennen, der die Zukunft in Händen hält. Sie wissen, dass Jesus Himmel und Erde umwandeln wird: „Es wird keinen Tod mehr geben und keine Traurigkeit, keine Klage und keine Quälerei mehr. Jetzt mache ich alles neu!"[31]

Gottes Geschenke sind Ausdruck seiner *Gnade*.

Dies sind einige der Geschenke, die Jesus dir mit auf den Weg gibt. Das biblische Wort für „Geschenk" heißt *Gnade*. Ein Christ lebt vom Anfang bis zum Ende von der Gnade Gottes, von seiner uneingeschränkten und unverdienten freundlichen Zuwendung. Diese Gnade gilt jedem. Durch sie finden wir erst zu unserer eigentlichen Bestimmung:

---

[31] Offenbarung an Johannes, Kapitel 21, Verse 3-5.

Töchter und Söhne Gottes, des Vaters, zu sein. Dazu sind wir geschaffen. Durch unsere Trennung von Gott war der Weg dazu lange verbaut. Durch Jesus ist er frei.

Wer zu ihm kommt und ein Christ, ein von Christus geprägter Mensch, wird, wird zugleich ein neuer Mensch. Das ist Gottes Einladung an jeden, an mich und an dich: Christ werden – Mensch sein.

# Literatur zum Thema

Diehl, Hans-Jürgen: Die ersten 100 Tage mit der Bibel. Neukirchen-Vluyn

Kettling, Siegfried: Wer bist du, Adam? Gottes Geschichte mit den Menschen. Wuppertal: 1993. (R. Brockhaus-Taschenbuch 487)

Spieß, Jürgen: Ist Jesus auferstanden? Marburg: SMD ²1991. (miniporta 2)

-: Jesus für Skeptiker. Wuppertal: ³1991. (R. Brockhaus-Taschenbuch 2037)

-: Nach der Wahrheit fragen. Antworten von C.S. Lewis. Gießen: ⁴1994. (ABCteam 3223)

Werner, Roland: Wendepunkt Kreuz. Ein Tag, der die Welt veränderte. Neuhausen 1994 (Hänssler)

Werner, Roland: Zehn gute Gründe, Christ zu sein. Neukirchen-Vluyn: ⁵2001. (ABCteam 3426)

Werner, Roland; Baltes, Guido: Faszination Jesus. Was wir wirklich von Jesus wissen können. Neukirchen-Vluyn: ²1998.
(ABCteam 7)

Weyer-Menkhoff, Michael: BibelABC. Einführung ins Bibellesen. Marburg: SMD 1993. (miniporta 6)

-: Neues Bewusstsein – neue Chance. Marburg: SMD 1988. (miniporta 3)

Die Studentenmission in Deutschland (SMD) will Schüler, Studenten und Akademiker zur Begegnung mit Jesus Christus führen und ihnen helfen, in den heutigen Herausforderungen durch Wissenschaft und Gesellschaft als Christen zu leben. Die SMD ist von Kirchen und Staat unabhängig und arbeitet überkonfessionell. Es gibt zahlreiche örtliche Schüler-, Studenten- und Akademikergruppen. Auskunft erteilt die

SMD-Zentralstelle
Postfach 20 05 54,
D-35017 Marburg
Tel.: (0 64 21) 91 05-0
Fax: (0 64 21) 2 12 77
E-Mail: zentralstelle@smd.org
Internet-Adresse: www.smd.org

Ein weiteres Buch aus unserer
Reihe „Impulse"

Josh McDowell
**C. S. Lewis – ein Skeptiker sucht seinen Weg**
Bestell-Nr. 330 545
ISBN 3-86122-545-X
64 Seiten, kartoniert

*„Ein junger Mann, der Atheist zu bleiben wünscht, kann nicht vorsichtig genug mit seiner Lektüre sein. Gott ist, wenn ich es sagen darf, skrupellos."*

Doch Clive Staples Lewis hat nicht aufgepasst.

Mit dem Tod seiner Mutter verliert er als Neunjähriger auch seinen kindlichen Glauben. Fortan glaubt er, nur noch mit Skepsis das Leben meistern zu können.
    Eingeschlossen in die grauen Wände eines Internats macht er sich auf die Suche seines Lebens. Ihn packt die Sehnsucht nach einer Freude, die den Menschen nie verlässt. Er schmeckt sie in den Sagen und Legenden vergangener Zeiten.
    Dann aber – nach Jahren inneren Ringens – stößt er durch zur letzten Dimension der Freude ...